ÉCOLE MILITAIRE DE SAINT-CYR

UNE CONFÉRENCE

SUR LE

COMMERCE DES CHEVAUX

PAR L. GOYAU

VÉTÉRINAIRE PRINCIPAL, PROFESSEUR D'HIPPOLOGIE

Maquignon!!!
N'est pas maquignon qui veut.

Deuxième édition

PARIS
E. DENTU, LIBRAIRE-ÉDITEUR
PALAIS-ROYAL

SAUMUR
JAVAUD, LIBRAIRE-ÉDITEUR
FOURNISSEUR DE L'ÉCOLE DE CAVALERIE

S

UNE CONFÉRENCE

SUR

LE COMMERCE DES CHEVAUX

OUVRAGES DU MÊME AUTEUR:

FERRURE DU CHEVAL. — Organisation; Maladies; Hygiène du pied. 1 vol. in-18 jésus, avec 88 figures intercalées dans le texte. Prix, *franco* par la poste 3 50

POUR PARAITRE PROCHAINEMENT :

LE SECRET DU MAQUIGNON, méthode nouvelle d'appréciation du cheval.

Angers, imp. P. Lachèse, Belleuvre et Dolbeau.

UNE CONFÉRENCE

SUR LE

COMMERCE DES CHEVAUX

Par L. GOYAU

VÉTÉRINAIRE PRINCIPAL, PROFESSEUR D'HIPPOLOGIE

Maquignon!!!
N'est pas maquignon qui veut.

Deuxième édition

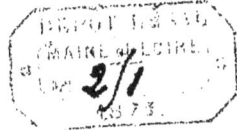

PARIS
E. DENTU, LIBRAIRE-ÉDITEUR
PALAIS-ROYAL

SAUMUR
JAVAUD, LIBRAIRE-ÉDITEUR
FOURNISSEUR DE L'ÉCOLE DE CAVALERIE

UNE CONFÉRENCE SUR LE COMMERCE DES CHEVAUX [1].

Maquignonnage et Maquignons.

> Maquignon !!!
> N'est pas maquignon qui veut !

SOMMAIRE : — I. Préparation à la vente. — II. Toilette et gingembre. — III. La montre. — IV. Le bouc émissaire. — V. Tous menteurs. — VI. Tous fripons.

I

PRÉPARATION A LA VENTE.

Si le cheval en vente était franchement présenté à l'examen, il ne serait pas difficile d'être fixé sur ses qualités et ses défauts. Mais nombre de gens, dans un intérêt facile à comprendre, cherchent à présenter avantageusement le cheval dont ils désirent se défaire.

Les vendeurs habiles mettent en relief ou simulent la *santé et le gros* par la préparation à la vente, *l'élégance et la distinction* par la toilette et le gingembre, *l'âme et les moyens* par la préparation *à la montre ;* ils arrivent ainsi à faire valoir les qualités existantes et à

[1] Cette conférence fait partie d'un ouvrage qui paraîtra prochainement sous le titre suivant : *Le secret du Maquignon, nouvelle méthode d'appréciation du cheval*, par le même auteur.

donner, au plus mauvais rossard, certaines apparences favorables.

Les éleveurs, les marchands excellent à préparer le cheval à la vente : c'est-à-dire à lui donner un poil fin, court, brillant et à le souffler, en interposant entre cuir et chair une épaisse couche de graisse. A cet effet, le cheval est, le plus souvent, enfermé dans une écurie chaude et obscure, laissé au repos, bien pansé et bourré de soupes de grains cuits. En trois mois environ, le jeune animal perd son poil bourru et sa bedaine avalée, il a le poil *comme une souris* et présente un fastueux embonpoint.

Le cheval étique qui *a souffert, manque d'état, n'est pas marchand, n'est pas de défaite*, est rapidement *refait*. La préparation à la vente compromet gravement la santé du jeune cheval ; la mauvaise graisse, qui encombre, rouille, paralyse, surcharge les organes, doit disparaître pour qu'il soit apte au travail. Dans les circonstances les plus heureuses, cette matière étrangère s'en va peu à peu par les sueurs, est brûlée par le travail. Le plus souvent la gourme se déclare ; la graisse est crachée par les naseaux, c'est le jetage ; ou bien elle s'accumule et forme sous la ganache de volumineux abcès.

Le cheval refait tombe, lui aussi, au premier travail sérieux.

Et si les chevaux préparés à la vente, jeunes ou vieux, manquent de charpente, il faut les voir quand la graisse est tombée. Il faut voir la *claquette au déballage!*

Par suite de quelle aberration en est-on arrivé à priser, chez un animal de travail, cette disgrâce physique qui s'appelle l'obésité? Comment la graisse du cheval se paye-t-elle sur les marchés?

Le cheval gras porte sur lui un certificat d'impuissance actuelle, une forte présomption de maladie prochaine ; pour arriver *à le mettre en chair, à le mettre en haleine*, il y a des risques à courir.

Et cependant, on préparera les chevaux à la vente tant que les acheteurs auront le tort de rechercher, en hiver et au printemps, le poil court et luisant de l'été, tant qu'ils prendront pour exubérance de santé une bouffissure maladive.

La pratique de l'engraissement cesse d'être absurde, quand elle a pour but de masquer une faible charpente, de *donner du gros ;* et encore le cheval *soufflé* est-il facile à déshabiller de l'œil.

II

TOILETTE ET GINGEMBRE.

Le cheval du paysan est par trop nature. Souvent le poil est long et bourru, le ventre gros, le pied grand et plat ; en certains endroits, d'énormes masses de crins dérobent en partie, à la vue, la tête, l'encolure, les fesses, les tendons, etc. En résumé : ensemble lourd et disgracieux.

Entre les mains du marchand, l'animal est transformé pour le plaisir des yeux.

Une ou deux purgations font tomber le ventre ; et le cheval paraît plus grand, plus léger, mieux membré. Les longs crins du pourtour du nez et de la bouche, les poils des ganaches et des oreilles sont brûlés. Si la bête *a du gros* et que la saison le comporte, la tonte complète est effectuée. Le toupet, la crinière sont toujours émondés, régularisés et parfois éclaircis aux ciseaux ou arrachés en partie avec une griffe en fer. La queue est rafraîchie, taillée régulièrement, coupée bien au-dessus des jarrets, souvent dégrossie et allégée par l'*écourtage*, quelquefois *niquetée*. Les longs poils — qui courent sur le trajet des tendons, forment les fanons, cachent l'origine des sabots, — sont coupés aux ciseaux.

Et puis viennent l'excision des châtaignes et des ergots, l'embellissement des pieds, que le maréchal raccourcit, creuse en dessous, diminue fortement à leur pourtour, et transforme en petits moignons courts et ronds.

Voilà la toilette faite. L'animal est dégagé dans son ensemble ; ses fesses semblent mieux musclées ; il présente un tout autre cachet d'élégance, de distinction et dispose favorablement en sa faveur.

Quelques coups de ciseaux ont suffi à opérer ce changement à vue, et cependant la toilette du cheval se chiffre bien souvent par le *billet de mille*.

Le gingembre. — La queue bien portée est un objet de toilette recherché. Le beau port de queue, outre qu'il donne de l'élégance, de la distinction, du cachet, est considéré comme indice d'énergie : il est obtenu artificiellement par l'introduction dans l'anus d'un morceau de *gingembre* préalablement mâché.

Le gingembre détermine une cuisson et aussitôt la queue se détache gracieusement du corps, s'arrondit en une courbe gracieuse, ou se renverse sur le rein comme un brillant panache.

De nos jours, on use et on abuse du gingembre ; aucun cheval n'est présenté à l'examen, sans avoir un petit morceau de cette racine grisâtre, discrètement logé à l'endroit propice.

Dans les foires, le garçon maquignon met parfois le gingembre à toute une rangée de chevaux. Les morceaux de gingembre, pris un à un dans la poche du gilet, sont successivement mâchés et introduits avec dextérité. De telle sorte que la main se promène de la bouche de l'homme à l'anus du cheval et réciproquement. Aussitôt l'opération faite, des effets de queue réjouissants viennent produire une illusion passagère.

III

LA MONTRE.

Partant de ce fait connu, que tout cheval bien présenté plaît et que tout cheval qui plaît est à moitié vendu, les marchands pratiquent, avec succès, une mise en scène d'une prestigieuse habileté, c'est *la montre*.

Tout est calculé en vue de l'effet à produire, illusions de l'œil, chez l'amateur, grâce des attitudes, brillant des allures, chez l'animal.

Dans certaines conditions faciles à obtenir, le cheval paraît plus grand, plus fort, mieux conformé. Et pour bien comprendre comment se produisent ces aberrations de l'œil, il faut savoir :

1º Que tout cheval entouré de petits objets, ou formant seul la perspective, ou placé sur un plan plus élevé que l'observateur, semble plus grand, plus fort, est *avantagé*; entouré d'objets volumineux, placé dans un bas-fond, il est au contraire dominé, écrasé, *désavantagé*.

2º Pour les mêmes raisons, un cheval de moyenne taille paraît petit près d'un carrossier et grand à côté d'un poney. De même un homme de petite taille favorise à son détriment le cheval qu'il monte ou conduit en main; inversement, un homme de très-grande taille enlève du coup d'œil à l'animal.

3º Quand le *bout de devant* est élevé et le cheval *placé*, autrement dit lorsque l'avant-main est situé sur un plan plus élevé, et la tête et l'encolure maintenues à bout de bras, le plus haut possible, lorsque le poids du corps porte également sur les quatre pieds, — ceux-ci occupant les coins d'un rectangle, — la tête est mieux portée et paraît plus petite, l'encolure semble plus légère et plus longue, le garrot mieux sorti, le dessus plus droit et plus soutenu, la croupe moins oblique ; et puis les chevaux brassicourts, arqués, bas-jointés, à jarrets coudés se redressent par un placer savant. Au contraire, l'animal perd dans une pose négligée, dans une attitude abandonnée et sur un terrain défavorable.

C'est bien certainement d'après la connaissance raisonnée de ces faits, que les marchands règlent la présentation de leur marchandise.

Dans tous les grands établissements de Paris et de la province se trouve une cour nue et souvent couverte ; contre un mur blanc est un espace préparé, plus élevé que le niveau du sol et formant pente double. La cour est prolongée par un long couloir vitré et sablé.

C'est là que le cheval à vendre est dressé *à la montre*.

Tous les jours, il prend sa leçon. Contre ce mur, sur ce terrain préparé, on lui apprend à se placer, à se camper, à faire le beau.

Il est exercé au pas et en main par un groom qui, armé d'une cravache, le touche sous le ventre pour enlever l'arrière-main, sur les avant-bras pour actionner l'avant-main, sur la croupe à gauche pour obtenir un rapide demi-tour dans les changements de direction.

Puis, l'animal est trotté dans le couloir. Fortement retenu par le groom qui se pend aux rênes, vivement poussé par les sifflements et les atteintes du fouet, par les roulements exécutés dans le chapeau, par les cris et les ronflements de l'homme qui court derrière, le cheval comprend rapidement ce qu'on lui demande et se conduit en conséquence. Retenu en avant, poussé en arrière, il acquiert très-vite un trot enlevé et brillant, un air énergique, une grande spontanéité dans les mouvements, toutes choses qui lui donnent des attitudes séduisantes.

Les répétitions vont bien : tout est prêt pour la première représentation. L'acheteur arrive.

L'animal sort de l'écurie animé, brillant, la queue bien portée. Un homme de petite taille l'amène sur le terrain de la montre. Le cheval est placé et campé ; sa silhouette se dessine merveilleusement sur le mur blanc ; embonpoint fastueux, poil court et brillant, toilette de haut goût : tout y est.

Et les imperfections de la conformation échappent aux yeux charmés par la beauté du tableau.

En action, le cheval est splendide ; il fait feu des quatre pieds, se livre à une fantasia effrénée, à des effets de queue superbes. Exercé dans le couloir, il forme seul la perspective et paraît gigantesque ; il trotte à *hauteur du nez* et semble voler sur le terrain sablé. C'est du mirage, de l'éblouissement, de la fascination. En face des actions hors ligne du brillant animal, on ne pense guère à étudier les irrégularités des allures ; d'ailleurs, sur ce sol préparé, il n'est plus de pieds sensibles, plus de chevaux *pris dans les épaules*.

Donc, tout est parfait !

Quand le marchand a plusieurs chevaux à faire voir, et que le client n'est pas parfaitement connu, il les présente successivement en commençant par le moins bon, par celui qui a le *moins d'œil*. Si l'acheteur se contente de peu, à quoi bon faire voir la *fine fleur de l'écurie?*

Tous les chevaux bons et mauvais sont ainsi préparés par le grand commerce.

Mais, en outre des moyens indiqués, les rosses molles, nonchalantes, lymphatiques, sans courage et sans cœur, reçoivent en distribution journalière : une volée de coups de fouet et une forte ration d'avoine ; la peur aux flancs, le feu dans le ventre : voilà ce qui momentanément donne des apparences d'énergie et de vigueur au plus triste roussin.

L'art de présenter avantageusement les chevaux est

aujourd'hui fort répandu ; il n'est pas d'homme de cheval qui ne sache tirer parti d'un terrain quelconque. Glisser le morceau de gingembre dans l'écurie, *placer* le cheval contre un mur, le devant plus élevé, la tête à bout de bras, le trotter dans un couloir étroit, l'animer par derrière, le retenir en avant, sont choses de pratique journalière.

Enfin certains vendeurs de bas étage se livrent à de véritables fourberies.

S'agit-il de masquer l'irritabilité et la méchanceté, de rendre momentanément docile et maniable un cheval *rueur*, une jument *pisseuse*, de calmer les ardeurs d'un *bistourné*, ils donnent une bouteille d'eau-de-vie, deux onces de laudanum. L'animal le plus *gâteux*, stupéfié par ces drogues, reste tranquille pendant les quelques heures que dure la vente, et le tour est joué.

La pousse est momentanément masquée par une forte saignée, suivie d'un séjour de plusieurs semaines dans les herbages et d'un traitement à l'arsenic.

Rien de plus simple encore que de vieillir le cheval par l'arrachement des dents de lait, de le rajeunir par la contre-marque ; et alors de rendre la bête difficile à boucher en produisant une salive écumeuse à l'aide d'une pincée de sel gris.

Diminuer les molettes par l'application de bandes imprégnées de sels astringents, — teindre les poils blancs du cheval couronné, masquer les défauts des pieds à l'aide de la râpe, — dissimuler les seimes, les traces d'opération avec la gutta-percha, — échauffer par un exercice préalable les épaules froides, les pieds sensibles, les jarrets atteints d'éparvins secs, et diminuer ou faire disparaître les boiteries à froid, — seller sur les épaules et faire monter à l'anglaise, par un poids léger, le cheval qui a un vieil effort de rein, — pratiquer une blessure récente pour donner le change sur une tare ancienne ou pour expliquer une boiterie chronique et prétexter la nécessité de vendre immédiatement, — offrir des certificats de garantie pour les vices rédhibitoires, afin de se donner un air de bonne foi et de vendre plus cher, — affirmer sous serment, avec certificats à l'appui, que des chevaux achetés en Normandie, en Allemagne, viennent en droite ligne d'Angleterre [1], etc....., voilà autant de pratiques fort blâmables.

Quand un cheval est reprochable et déshonnêtement maquignonné, il n'est point de repos pour lui à la montre ; saccades de bride, coups de chambrière, roulements de chapeau, cris bruyants, tout est mis en œuvre pour que le pauvre animal se dérobe, par des mouvements incessants, aux investigations de l'œil et aux attouchements de la main.

Toutes les pratiques et fourberies du maquignonnage jettent de la poudre aux yeux de l'acheteur novice.

Mais l'homme initié ne s'y trompe pas. Il sait distinguer le cheval *charpenté* et en *chair* de la claquette obèse, la vraie santé de la santé factice, l'élégance naturelle de celle qui est due à la toilette et au gingembre, et surtout le cheval effrayé et dressé à la montre de celui qui a une énergie vraie.

Pour lui, à la montre, le cheval est un pantin dont un guignol tient les ficelles ; il assiste impassible et indifférent à la comédie de la peur.

Si la tête est fièrement portée et mobile, si les yeux sont brillants et grandement ouverts : c'est que le cheval veut voir d'où vont venir les coups ;

Si les oreilles sont sans cesse en mouvement : c'est pour percevoir les bruits menaçants ;

Si la queue s'élève majestueusement : le gingembre est là ;

---

[1] Les chevaux d'origine anglaise se paient un prix beaucoup plus élevé.

Si le cheval se campe et fait le beau à la montre : il répète une leçon apprise ;

Si le trot est enlevé et cadencé, l'action énergique et brillante : c'est que le souvenir des volées reçues donne des ailes au pauvre animal.

Pour le vrai connaisseur, toutes les ruses des marchands peu consciencieux sont faciles à éventer.

Il suffit d'un peu d'habitude pour distinguer le cheval endormi du cheval calme.

Le cheval poussif n'est jamais *blanchi* complétement, et quelques jours d'un travail sérieux entraînent une rechute avant l'expiration du délai de garantie.

Les dents travaillées, les poils teints, les pieds préparés, les blessures artificielles, etc..., dénoncent un filou et ne trompent que les naïfs.

Qui ne sait que la loi garantit les vices rédhibitoires bien mieux que tous les certificats?

Enfin, on commence à comprendre qu'avec de l'avoine et un bon dressage, le cheval normand peut devenir l'égal du cheval de service anglais.

IV

LE BOUC ÉMISSAIRE.

Maquignon ! épithète méprisante adressée aux gens habiles qui vivent du trafic des chevaux.

Par extension, l'épithète de maquignon est appliquée à tous ceux qui achètent pour revendre avec bénéfice. Qu'un amateur brocante avantageusement quelques chevaux ; qu'un officier vende un ou deux chevaux, par an, avec succès ; qu'un vétérinaire s'occupe de commerce, fasse de bons choix, essaye lui-même avant d'acheter, etc..., tous maquignons ! Sot préjugé que celui qui fait un crime d'une qualité précieuse et rare : la connaissance du cheval. N'est pas maquignon qui veut ! Demandez-le plutôt à la masse énorme des faux connaisseurs, des incapables et des dupes !

Pourquoi une réprobation universelle s'attache-t-elle au commerce des chevaux ?

Tous les commerçants *font l'article* et cherchent, par les moyens en leur pouvoir, à se défaire avantageusement de leur marchandise ; dans tout commerce l'acheteur est victime de fraudes.

Les marchands de chevaux font-ils autre chose que de présenter l'objet de leur trafic sous le jour le plus favorable, de mettre en relief les qualités et de masquer les défauts ?

Certes ! ce sont d'habiles gens. Et si le savoir-faire est indispensable à l'exercice de leur profession, sous ce rapport, avouons-le, ils ne laissent guère à désirer. Mais le public fait encore les marchands plus malins qu'ils ne sont, et les traite trop volontiers de menteurs et de fripons.

C'est que l'homme dupé, ou plutôt *qui s'est trompé lui-même*, ne subit pas seulement une perte d'argent ; son amour-propre est surtout terriblement froissé. Impossible qu'il en soit autrement.

Comme tout le monde, n'a-t-il pas affiché la prétention de connaître les chevaux ? Et voilà qu'un achat ridicule lui donne un brutal démenti !

De là des histoires lamentables, où l'astuce et la fourberie des marchands sont systématiquement exagérées.

Dire les marchands rusés et fripons, c'est flatteur pour l'homme qui réussit ses achats ; c'est consolant pour le malheureux qui est enrossé : si malin est le maquignon que celui qu'il *a mis dedans* peut ne pas être un imbécile.

Enfin, ce qui explique encore cette mauvaise réputation, c'est que nul commerce ne prête davantage aux récriminations de toute nature.

Il faut payer les chevaux fort cher : c'est chose dure, par exemple, de donner 2 ou 3,000 fr. d'un cheval de quatre ans, élevé à l'herbe, bourré de farineux, impropre à tout service immédiat. Que voulez-vous? c'est à prendre ou à laisser.

Et puis l'acclimatement, des écuries mal aérées occasionnent des maladies et des pertes ; la mauvaise ferrure, le travail sur le pavé amènent parfois des boiteries de suite après la vente; un attelage mal mené tourne mal; un cheval mal monté, mal conduit, se défend, s'emporte et occasionne des accidents ; un animal maltraité prend un mauvais caractère; par hasard une jument devient pisseuse ; un cheval est dit de *mauvaise nature,* quand sa ration passe chez le marchand de vin du coin, etc. On crie contre le marchand : *ce pelé, ce galeux...*

Et puis, ne faut-il pas encore s'adresser à l'intermédiaire fort onéreux du marchand, pour échanger et remplacer le cheval qui a *mal tourné?* Cette dure nécessité est un nouveau grief.

La brutalité, la maladresse, l'ignorance, la vénalité des hommes d'écurie sont le plus souvent la cause de tout le mal ; n'importe !

Tout naturellement, l'homme qui profite de tous les désastres devient le bouc émissaire de tous les déboires.

C'est toujours la faute des marchands ! Tous menteurs ! Tous fripons !

V

TOUS MENTEURS.

Tous menteurs ! A qui la faute ? Neuf fois sur dix l'acheteur veut un cheval sans défauts : c'est-à-dire l'impossible. Le marchand qui signalerait les défauts de ses chevaux se *couperait les vivres*.

Et puis cet homme n'est pas infaillible. Aux reproches, il répond parfois avec raison : Je vous l'ai donné pour bon ; je me suis trompé comme vous ; *je ne suis pas dans le cheval*.

Est-on bien fondé, du reste, à demander de la franchise à un homme qui ne sera pas cru sur parole ? Ne va-t-on pas manifester, par un examen approfondi de la marchandise, la méfiance la plus outrée ?

A la montre, la conduite des marchands est d'ailleurs fort différente.

Certains, sans doute, se démènent comme des diables, courent, crient, font un tapage d'enfer, prodiguent les affirmations, les serments, les propositions de garantie, les offres de certificats, prétendent ne rien gagner et même vendre à perte pour conserver ou acquérir un client.

Ils sèment leurs discours de quelques *lazzis*, de réflexions faites à propos et surtout d'adroites flatteries : Ah ! Monsieur, vous montez bien, vous savez mener ; le cheval est vif, ardent, mais il a trouvé son maître ; c'est un cavalier comme vous qu'il faut à ce cheval ; monté par vous, il vaut mille francs de plus ; vous n'en trouverez jamais un pareil ; comme il *se grandit sous le cavalier !* comme *il sort de brancards !* Il vient en droite ligne d'Angleterre ; il sort de la meilleure écurie de Paris ; Monsieur *** (ici le nom d'un amateur connu) en est *toqué* et va me l'acheter.

2

Et quand ceux-là sont forcés d'avouer quelques défauts : il n'y a pas de chevaux parfaits ! je le vends pour un morceau de pain ! s'il n'avait rien, je ne le donnerais pas à ce prix-là.

Leurs aveux sont, d'ailleurs, pleins de réticences et ils se servent alors d'un jargon palliatif fort singulier. Pour eux, un cheval n'est jamais méchant, taré, poussif, corneur, etc...; le cheval est *un peu chatouilleux :* c'est le sang ; il n'est pas *net comme un poulain :* ça prouve qu'il ne *rebute pas au travail,* — les mauvais chevaux sont sains ; il a le *vent* de son âge ; il *siffle* un peu, il *chante,* etc...

Certains marchands, loin de chercher à complaire aux acheteurs, affectent, au contraire, un sans-gêne brutal ou gouailleur : ce ne sont ni les moins habiles, ni les moins heureux.

Tout le monde connaît ce marchand des Champs-Élysées, qui *tape sur le ventre* de ses clients les plus riches et les plus titrés : « Ah ! vous voulez cette paire « de chevaux, — vous n'êtes pas dégoûté. — Mais vous « savez, *mon cher,* c'est douze mille *balles.* — Prenez « mon piqueur : allez les essayer ; s'ils vous convien- « nent, vous viendrez me le dire. »

Sur ce, demi-tour sur les talons, sans bonjour, ni bonsoir.

Enfin, il est aussi des marchands qui sont de la plus parfaite convenance dans la présentation de leur marchandise ; ils se taisent ou parlent peu et mettent leur point d'honneur à ne pas faire l'article ; à peine risquent-ils quelques observations pour *enlever* l'acheteur hésitant. Ceux-là agissent ainsi de parti-pris et surtout quand ils ont affaire à des connaisseurs avec lesquels *trop parler nuit.*

VI

TOUS FRIPONS.

Ils sont voleurs ! Ils vendent trop cher !

Est-il donc si facile de voler ?

L'acheteur a pour lui la garantie légale sur les vices rédhibitoires, et la loi qui qualifie de *dol* certaines manœuvres frauduleuses.

Il peut prendre tout le temps nécessaire pour bien voir, se faire assister de connaisseurs, essayer sérieusement avant d'acheter.

Il s'enrosse donc en toute liberté : le marchand ne fait, en fin de compte, que présenter sa marchandise.

Ils vendent trop cher ! Certains, en effet, se servent d'une tactique qui réussit souvent et consiste à étourdir l'acheteur, en demandant un prix impossible de leurs chevaux. Comment oserait-on offrir quinze cents francs d'un cheval que le vendeur fait trois mille ? L'acheteur offre deux mille, — cinq cents francs de plus que l'animal ne vaut, — et le tour est joué.

Mais, en général, les marchands ne réalisent pas de grands bénéfices ; à part quelques exceptions, le commerce des chevaux fait tout juste vivre ceux qui l'exercent.

C'est que ce commerce entraîne des frais énormes. Il faut des établissements vastes et luxueux, des voitures et des harnais, un personnel nombreux.

Les chevaux ne se trouvent pas sans courir les foires et les pays d'élevage, sans voyager en Angleterre et en Allemagne. Les transports sont coûteux.

Les voyages et l'acclimatement entraînent des risques énormes d'accidents, de maladies, de mortalité.

Et puis les chevaux ne sont pas immédiatement *de*

défaite ; il faut les amener graduellement à l'*état de vente,* les dresser au service et à la montre.

Cette marchandise, qui tous les jours consomme, tous les jours augmente de prix ; que la vente chôme, qu'une maladie se déclare et le cheval, — comme disent les Anglais, — a bientôt *mangé deux fois sa tête.*

Il y a souvent aussi des frais de courtage ; il faut donner tant pour cent à un intermédiaire quelconque.

Acheter la bonne volonté du cocher par une forte gratification est chose nécessaire ; sans cela les chevaux peuvent devenir d'un service désagréable, dépérir, tomber malades.

Enfin, on ne fait pas que de bons achats et tous les dressages ne réussissent pas.

Le marchand qui n'a pas une clientèle assurée et bien connue ne sait habituellement ni quand il vendra, ni ce qu'il vendra. Quelquefois, la mise est doublée et triplée ; le plus souvent un bénéfice raisonnable est réalisé ; parfois il y a perte.

De temps à autre de bonnes aubaines se présentent ; on peut tomber sur un cheval exceptionnel, réussir de beaux attelages et vendre à des écuries connues : un double profit en résulte, au point de vue de l'argent et de la réputation.

Pour être bien dans ses affaires, le marchand de chevaux de luxe doit gagner en moyenne de 40 à 50 p. 0/0.

Le commerce des chevaux est donc une spéculation hasardeuse et peu lucrative. Parmi ceux qui s'y livrent, bien peu s'enrichissent.

La plupart des marchands valent infiniment mieux que la réputation qui leur est faite. On trouve parmi eux des commerçants fort consciencieux. Pratiquer honnêtement une profession si décriée, où les tentations sont si grandes, n'est pas le fait d'hommes ordinaires.

Ceux-là cherchent à se faire une clientèle, et visent

à contenter les acheteurs. On peut s'adresser à eux de confiance ; ils font payer cher, mais ne trompent pas. La certitude d'être bien servi et loyalement traité, est d'autant plus grande que l'acheteur fait, avec eux, des affaires plus fréquentes et plus suivies.

Ils reprennent, à des conditions honnêtes, le cheval qui ne convient pas, et ne se font jamais traîner devant les tribunaux.

La confiance du public est, pour eux, un précieux capital, trop difficilement acquis pour être jamais compromis.

LE COMMERCE.

Sommaire : — 1. En province. — 11. A Paris.

I

EN PROVINCE.

Les éleveurs vendent leurs produits à domicile, et, le plus souvent, aux foires des localités avoisinantes.

Les marchands connus achètent facilement en explorant les fermes ; faisant depuis longtemps des affaires dans le pays, ils sont au courant du caractère et des habitudes des gens.

Les amateurs, au contraire, sont presque toujours éconduits par des exigences formidables ; en face d'un acheteur de hasard, qu'il n'a jamais vu et ne verra plus, l'éleveur se lance dans des prix difficilement abordables et cherche à *monter un coup*.

Vendre à un inconnu est, d'ailleurs, imprudent. Combien n'a-t-on pas vu de fripons, supposer un vice rédhibitoire et actionner des vendeurs qui résident à cent lieues de là ; et, — comme bien des gens préfèrent *composer* que de procéder, — arriver ainsi à se faire rembourser une partie du prix payé !

Le commerce du pays d'élevage se fait aux foires.

C'est là que se donnent rendez-vous la masse des éleveurs et des marchands, les officiers de remonte et les amateurs. On vient pour vendre et pour acheter ; l'offre et la demande sont face à face.

L'éleveur juge par comparaison de la valeur de ses produits et l'acheteur, de même, base ses offres sur le prix-courant du marché. Entre gens qui ne vont pas là pour perdre du temps et dépenser de l'argent, les affaires se traitent rondement.

En foire, les chevaux ordinaires sont placés sur plusieurs rangées et serrés les uns contre les autres. C'est au milieu du tas qu'il faut jeter son dévolu, et entre les rangées que les animaux sont trottés en main et montés à poil.

Certains vendeurs refusent même de faire voir leur cheval *sous l'homme*, par cette excellente raison : « il « n'a jamais été monté ; je ne veux pas me casser le « cou. »

Généralement les chevaux de luxe ne sont pas exposés en foire.

Le mérite se cache, il faut l'aller chercher.

On les trouve dans les écuries de la ville ; là, éleveurs sérieux et gros marchands étalent l'élite de la production.

Les chevaux sont présentés suivant les règles, avec tous les raffinements que comporte le commerce de luxe.

Les commissions de remonte achètent sur un terrain de leur choix, en dehors de la foule et loin des curieux ; les achats se font dans d'excellentes conditions.

Les animaux conduits aux foires des pays d'élevage
sont des poulains de fait et d'apparence. Vieillis par
l'arrachement des dents, ils marquent, en général,
quatre ans et n'ont que trois ans ou trois ans et demi.
Ce sont des chevaux d'herbe et de farine que le jeune
âge, l'obésité et la maladie condamnent à l'écurie et qui,
durant un temps plus ou moins long, consomment sans
produire. Le travail prématuré les ruine rapidement ;
il faut les attendre de quatre à cinq ans, les ménager
de cinq à six et ne demander un service sérieux qu'a-
près les avoir engrainés, dressés à fond et *endurcis* par
un travail sagement progressif.

Dans les contrées qui n'élèvent pas de chevaux, le
commerce est tout entier entre les mains des marchands des villes et des maquignons des petites localités ; les premiers vendent des chevaux de luxe, les
autres des animaux de travail. La consommation est
alimentée encore des réformes de l'armée et de quelques produits élevés par des cultivateurs et des amateurs.

II

A PARIS.

Les marchands. — Il existe, à Paris, environ quatre-
vingts marchands de chevaux.

Le commerce des chevaux de luxe se fait autour des
Champs-Elysées ; les chevaux communs se vendent au
marché aux chevaux et dans tous les quartiers de la
capitale.

Aux Champs-Elysées se trouvent de somptueux établissements dont l'acheteur doit défrayer le luxe.

Il est de ces marchands qui ont trente mille francs
de frais, et ne vendent que soixante ou quatre-vingts

chevaux par an. Ceux-là se prétendent déshonorés en laissant sortir un cheval de leur écurie, à moins de trois mille francs. Tel d'entre eux ne vend que trois attelages en cinq mois, et trouve moyen de faire ses frais.

Ces marchands n'ont qu'une raison d'être : c'est de vendre à des prix fantastiques. Ils répondent à la manie de certaines personnes qui, par habitude de payer cher, par mauvaise opinion du bon marché, estiment le cheval en raison de son prix ; ils s'adressent aussi aux amateurs riches et vaniteux enchantés de pouvoir dire que leur cheval sort de chez X... — ici le nom d'un marchand de réputation, — et de citer le prix fabuleux qu'il a coûté.

Outre ces maisons de mode et de caprice, il est des établissements sérieux qui servent une nombreuse clientèle, font beaucoup d'affaires et se contentent d'un bénéfice raisonnable.

Les uns et les autres vendent des chevaux *neufs*, mais confirmés et prêts à entrer en service.

On trouve aussi des marchands qui ne tiennent que des chevaux faits et hors d'âge, comptant plusieurs années de service sur le pavé de la ville, à la queue des chiens, dans des régiments, etc.

Ceux-là sont à la piste de toutes les occasions pour acheter à bon compte, refaire et revendre ; ils arrivent à connaître tous les chevaux de Paris, propres à leur genre de commerce, et à avoir sur eux des renseignements précis.

A côté de ces hommes qui ont ou peuvent avoir une clientèle, — comme tous les commerçants honorables, — il en est d'autres qui n'en ont pas et ne peuvent en avoir.

Ces gens vendent peu et cherchent à *monter de grands coups ;* ils intriguent dans l'entourage de tous les personnages très-riches, s'adressent surtout aux étrangers, aux fils de famille, aux femmes à la mode ; ils saisissent aux cheveux toute occasion de faire des dupes, de vendre à crédit à des prix usuraires.

On en a vu reprendre effrontément pour six cents francs, un cheval vendu, par eux, six mille francs quelque temps avant.

Dans ces dernières années, un procès scandaleux est venu divulguer et flétrir d'indignes fourberies.

La tactique est simple. On vend un attelage de deux chevaux qui ne peuvent aller ensemble. Un premier échange, avec ou sans retour, est proposé. Puis de troc en troc, de retour en retour, un fripon arrive à faire payer un prix fabuleux une paire de tristes rosses, qu'on s'étonne de voir attelées à une voiture de maître.

Lors des pourparlers de la vente, le vendeur stipule souvent une certaine somme *pour l'écurie*. A Paris, en dehors de toute convention, l'habitude est de laisser une gratification à la domesticité.

Courtiers et chercheurs d'épaves — Le courtage est un métier bien décrié, quoique compatible avec la plus stricte honnêteté.

Un cheval est à vendre. Le propriétaire dit au courtier qui vient lui faire ses offres de service : Je veux tant de mon cheval; si vous pouvez en trouver davantage, à vous le surplus. — Ou bien : Vendez-le tant, vous aurez dix pour cent. — Ou bien encore : Si mon cheval est vendu tel prix, il y a tant pour vous.

D'autre part, le courtier est chargé d'acheter. Il est des gens qui viennent lui dire : J'ai besoin d'un cheval dans telles conditions; connaissez-vous ce qu'il me faut ?

Le courtier essaye le cheval, pour être parfaitement renseigné, abouche l'acheteur et le vendeur, et reçoit ses honoraires des deux mains.

L'intervention du courtier peut être profitable. Il faut se méfier cependant; les bons chevaux se vendent rarement par cet intermédiaire.

Quand un cheval a *quelque chose à redire,* — *bête à*

chagrin, manquée dans son dressage, *tête verte,* mauvaise nature, tendons compromis, mauvais pieds, etc...
— et que le propriétaire ne veut pas prendre la responsabilité de la vente, il en charge le courtier.

Le courtage n'a de raison d'être que pour les ventes d'occasion. L'acheteur qui se servirait d'un courtier, pour aller chez un marchand, ne pourrait le prendre qu'à titre de conseilleur; or, les dix pour cent prélevés secrètement sur le prix de vente, comme frais de courtage, élèvent singulièrement la valeur du cheval. Et puis les conseils d'un homme, largement payé par le vendeur, peuvent-ils être profitables à l'acheteur?

A côté de ce courtage qui nettement s'affiche et appelle la clientèle, il y a, dit-on, un courtage caché et déshonnête.

On voit des gens, paraît-il, qui s'abritent derrière une honorable profession pour mettre une main dans la poche du vendeur et l'autre dans celle de l'acheteur, faisant payer 10 0/0 leur intermédiaire au marchand et un faible prix leurs conseils à l'acheteur.

Et certains marchands, ceux qui aiment à pêcher en eau trouble, autorisés, peut-être, par quelques exceptions malheureuses, s'en vont grossissant les faits, faisant de l'exception la règle; en habiles gens, ils cherchent à se débarrasser de tout contrôle gênant par des allégations calomnieuses. Entendez-les dire à l'envi : « Vous trouvez que nous vendons cher, mais il faut donner deux, trois, quatre et cinq cents francs au *conseilleur* pour que le marché se fasse; ajoutez à cela deux ou trois cents francs au cocher, pour que les chevaux tournent bien; si l'acheteur venait seul, il payerait moins cher. »

Acheter seul! tout seul! c'est, pour le plus grand nombre, se livrer pieds et poings liés à la bonne foi du marchand :

Ah ! le bon billet qu'a La Châtre !

Il y a encore une autre espèce de courtage, plus répandu qu'on ne se l'imagine : c'est le courtage hypocrite et honteux de gens qui se servent de leur nom et position, comme d'un faux nez, pour puiser impunément dans la bourse de leurs nombreuses connaissances.

Ceux-là sont toujours empressés à rendre service, à entraîner des dupes chez tel marchand de chevaux, tel carrossier, tel sellier ; ils prétendent connaître la place et affirment, avec vérité, que vous ne serez pas volés par leurs fournisseurs : *ils se chargent de ce soin.*

Enfin et pour en finir avec le commerce interlope, il y a la tourbe nombreuse des chercheurs d'épaves, des gens bien informés et renseignant à bon prix.

Ils connaissent toujours des occasions superbes : chevaux vendus pour cause de décès, de faillite, de réforme, de départ subit. Ces vagabonds d'écurie sont à la recherche des naïfs pour en faire des dupes.

Un coup mortel a été porté à tous les courtiers, maquignons de bas étage, *chercheurs d'épaves*, vagabonds d'écurie, etc..., par la création de l'établissement Chéri et du Tattersall français : là se vendent aux enchères publiques un nombre considérable de chevaux.

Le Tattersall et l'établissement Chéri sont deux marchés fort importants, qui devraient être plus suivis des officiers.

La saison et le hasard influent beaucoup sur le marché ; à la saison d'été, alors que Paris est déserté des gens de loisir ; en hiver, quand le mauvais temps emprisonne chacun chez soi, les acquéreurs manquent et les chevaux sont vendus à un extrême bon marché.

L'établissement Chéri [1]. — C'est un établissement très-fréquenté, créé en 1849.

Là sont vendus aux enchères publiques, tous les

[1] Rue de Ponthieu, 49.

mercredis à deux heures, chevaux de chasse, de selle, d'attelage, produits de pur sang, voitures et harnais.

Les objets à vendre doivent être envoyés à l'établissement, au moins deux jours avant la vente.

On peut visiter les chevaux et les voitures les lundis et mardis, de midi à cinq heures.

Les chevaux sont présentés et trottés à la main de deux à quatre heures.

La vente est faite au comptant. Les acquéreurs payent en sus des adjudications 10 p. 100 applicables aux frais. Les vendeurs versent 5 p. 100 et 4 fr. de pension par jour.

En cas de rachat par le vendeur, il y a 5 p. 100 à payer.

La durée de la garantie, pour les aptitudes, est de trois jours. Si des difficultés surgissent après la vente, un tribunal arbitral est constitué.

Pour acheter dans les conditions les plus favorables, il faut se rendre à l'établissement la veille de la vente (de 2 à 5 heures), demander au bureau le catalogue des chevaux à vendre qui contient leur désignation : *n° d'ordre, nom, robe, âge, aptitudes.*

L'acheteur parcourt rapidement le catalogue, *pointe* les chevaux présentant des conditions à sa convenance, passe dans les écuries pour jeter un coup d'œil sur les sujets, dont note est prise. Si un, deux ou trois chevaux méritent examen, il les fait sortir et trotter en main.

Les chevaux sont vendus avec ou sans garantie des vices rédhibitoires ; ce qui est spécifié, au moment même de la vente, par le commissaire-priseur.

Si le cheval est vendu aux enchères avec garantie, la loi donne plein recours contre le vendeur pour tous les vices rédhibitoires ; dans le cas contraire, le recours est nul. En cas d'aptitudes affirmées sur le catalogue et non existantes de fait, l'acheteur a trois jours pour en appeler aux expertises ; la vente est annulée, la rédhibition de droit et les frais incombent au vendeur. Les expressions : *a été monté, a été attelé*, ayant trait au passé, n'engagent pas de responsabilité.

Dans les ventes aux enchères, les chevaux de pur-sang se vendent sans garantie. Les chevaux de service, sortant d'écuries connues, et ceux vendus avec garantie sont souvent bien payés ; les autres sont adjugés à bas prix.

Il est d'ailleurs loisible au vendeur de *miser* sur son propre cheval ; quitte à payer les frais en cas d'adjudication.

L'acheteur mécontent d'une acquisition a aussi un moyen tout trouvé de se débarrasser, c'est de remettre l'animal en vente. La perte moyenne sera de 15 p. 100, représentant les frais.

Le Tattersall français [1]. — C'est un établissement fondé en 1855, pour la vente aux enchères et à *l'amiable* des chevaux, voitures, harnais et équipages de chasse.

Dans les ventes aux enchères, qui ont lieu tous les jeudis à deux heures et exceptionnellement le samedi, il est prélevé sur l'acheteur 9 fr. 90 pour 100 ; le vendeur paye 3 fr. 10 pour 100 en cas de vente, 4 fr. pour 100 en cas de rachat.

Les chevaux sont vendus avec ou sans garantie des vices rédhibitoires ; ce qui est spécifié sur le catalogue et au moment même de la vente, par le commissaire-priseur.

Dans les transactions à l'amiable, l'acheteur ne paye aucuns frais, en sus du prix convenu. Les frais de séjour et la commission de vente de 5 pour 100, sur le prix fixé par le vendeur, sont à sa charge.

La liste des chevaux à vendre à l'amiable est publiée, chaque semaine, par le journal *Le Sport*.

[1] Rue Beaujon, 24.

L'établissement prend des chevaux en pension au prix de 4 fr. 50 par jour, en stalle, et 5 fr. 50, en boxe. Les chevaux en pension doivent être promenés tous les jours, montés ou attelés, sous la surveillance d'un piqueur.

Une école de dressage et d'équitation est annexée au *Tattersall*. Elle a spécialement pour but le dressage des chevaux de selle et d'attelage et l'éducation des hommes d'écurie.

On y donne des leçons d'équitation et des leçons de guides.

Il a été question d'y créer une chaire d'hippologie. Une telle création répond à un besoin et appelle le succès.

C'est que le goût du cheval s'infiltre de plus en plus dans nos mœurs.

De nos jours, l'homme du monde doit être homme de cheval, sous peine de rester étranger au plaisir à la mode, à la conversation favorite du moment. Le jargon d'écurie est d'un usage journalier, il a pénétré jusque dans les boudoirs : nul ne peut refuser de l'y suivre !

Le moment est donc propice pour tout homme d'initiative et de progrès, décidé à faire bon marché de la défroque du passé.

Plus d'enseignement classique, de théories savantes, de termes techniques. Mettre l'hippologie à la portée de tous, simplifier, vulgariser, n'employer que des mots tombés dans le domaine public; plus de pratique que de théorie, plus de faits que de mots, exercer les sens plus que l'esprit : voilà le programme à suivre pour rendre l'étude du cheval facile, attrayante et fructueuse.

Le Tattersall est un établissement de grande importance.

Tout acquéreur doit savoir que la vérification des aptitudes peut avoir lieu, à sa volonté, au Tattersall, avant ou après la vente, à raison de 5 fr. par cheval de selle ou d'attelage.

Un propriétaire veut vendre son cheval à l'amiable. L'animal est étudié en main, monté, attelé et estimé par le directeur d'exploitation.

Un acheteur se présente : il désire un cheval dans telles et telles conditions. Si le sujet demandé est dans les écuries, après nouvel essai sous les yeux de l'acquéreur, l'affaire doit être immédiatement conclue ; n'existe-t-il pas un arbitre désintéressé, entre cette double clientèle de vendeurs et d'acheteurs ?

Tenir la balance égale entre les intéressés : pas de bonnes affaires, pas de mauvaises ! Obtenir un prix rémunérateur pour le vendeur et donner à l'acheteur un cheval pour son argent : quoi de mieux ?

Qu'un tel système soit pratiqué au grand jour, avec honnêteté et impartialité, les éleveurs ont un moyen tout trouvé de se soustraire au ruineux intermédiaire des marchands. Ils envoient à Paris leurs chevaux débourrés ; en quelques semaines ces animaux sont confirmés dans leur dressage, habitués au pavé de la ville et vendus.

En théorie, donc, la vente à l'amiable est chose parfaite !

Dans la pratique ..., c'est autre chose.

CONSEILS
AUX ACHETEURS DE CHEVAUX.

Méfiance est mère de sûreté.

SOMMAIRE : — I. Acheteur, que voulez-vous ? — II. En face du vendeur. — III. En face du cheval. — IV. Les conseillers ne sont pas les payeurs.

1

ACHETEURS, QUE VOULEZ-VOUS ?

Est-ce le cheval à *deux fins ?* Et alors doit-il porter un fort poids, un poids moyen, un poids léger ?

Est-ce un cheval de selle ? Est-il destiné à la promenade, à la chasse, à la guerre ? Quelle charge lui incombe ?

Est-ce un cheval d'attelage pour grand coupé, petit coupé, phaéton, victoria, panier, etc... ?

Est-ce un trotteur, un postier, un cheval de galop, un cheval de montagne ?

Voulez-vous du brillant et du *modèle,* ou du fond et des *moyens ?*

Partagez-vous l'engouement pour le modèle bourgeois, pour le cheval tout rond, sans lignes, *net et propre,* sans vices ni vertus, qui trousse, piétine, *tape quatre fois sur le même pavé.* Ou bien êtes-vous pour l'ample charpente, la grande silhouette, les longues lignes heurtées de l'anglais ? Alors au rossard qui *a de l'œil,* aux chevaux sans allures et à l'*action sur place,* vous préférez le bon cheval, le tride et le train.

Vous faut-il un cheval à conduire, à tenir dans la main et dans les jambes, qui occupe, donne du *travail, du fil à retordre ?* Ou bien voulez-vous une *bête du bon*

Dieu pour porter et traîner, s'en allant à *hue et à dia*, supportant les *à coups de main et de jambes*? En d'autres termes, êtes-vous pour le cheval chaud, ardent, entreprenant, qui ne veut *ni fer*, *ni mèche* : c'est-à-dire le cheval du petit nombre? Préférez-vous, au contraire, le cheval médiocre, froid, tranquille, sûr, qui a besoin d'être poussé : c'est-à-dire le *cheval de tout le monde* ?

Avez-vous des idées arrêtées sur l'âge, le sexe, la taille, la robe, le prix?

Voulez-vous un cheval neuf, débourré, dressé? et, dans ce dernier cas, le faut-il docile, bien mis, léger, à toutes les mains? Cherchez-vous, au contraire, le cheval *gâté* ou manqué dans son dressage, *maussade de bouche*, mal équilibré, volontaire, *raminingue*, sur l'œil, de conduite délicate, qui se monte et s'attelle *quand il veut*, dans le but de l'avoir *pour rien* et avec l'espoir de le remettre et d'en *tirer bon parti* ?

Est-ce pour vous ou pour d'autres que vous voulez un cheval? et, alors, point d'illusion! si vous êtes bon cavalier, habile cocher, il vous est permis d'entreprendre la besogne délicate de mener et de monter le bon cheval, le cheval près du sang, dont les qualités sont de graves défauts pour le cavalier novice et le cocher de peu d'expérience.

Cherchez-vous l'article si demandé : le cheval *bon et pas cher* ? N'allez pas chez les marchands, ce sont des gens aussi rusés que vous *pour le moins*, et qui ne sont pas assez ennemis de leurs intérêts pour vendre un cheval au-dessous de sa valeur. Vous trouverez peut-être cet article dans les foires, quoique le plus souvent les bonnes affaires soient conclues avant le marché; peut-être aussi chez les éleveurs, qui cependant ne prennent pas en grande considération les offres des amateurs et leur tiennent *la dragée haute*. Mais généralement vous ne ferez *une bonne affaire* que dans les ventes d'occasion et surtout au Tattersall et chez Chéri :

3

c'est là que, le hasard aidant, on peut trouver le cheval bon et pas cher.

Voilà qui est dit. Vous êtes plus avancé que bien des gens ; vous savez ce que vous voulez.

II

EN FACE DU VENDEUR.

Dans le commerce des chevaux, il est de règle de ne traiter qu'avec des gens connus et solvables ; car si, d'une part, la loi garantit les vices rédhibitoires, d'autre part, cette garantie ne peut avoir d'effet en cas d'insolvabilité du vendeur.

L'acheteur, qui sait ce qu'il veut, ne s'en va pas demander à voir des chevaux : c'est du plus déplorable effet. Il dit : J'ai besoin d'un cheval pour tel service, dans telles conditions ; avez-vous ce qu'il me faut ?

Le marchand fait alors sortir un cheval, puis un autre, etc.

Il faut rester sourd aux bavardages, criailleries, éloges, protestations, serments et ne pas se donner le ridicule d'accueillir des propositions de garantie et des offres de certificat, concernant les vices rédhibitoires. Un maintien réservé et un silence calculé arrêtent net ces boniments de charlatan.

Traiter le marchand avec politesse, être sobre de questions et de réflexions : voilà de la bonne politique ! Voilà qui vaut mieux que de manifester de la fierté et de poser en connaisseur.

L'acheteur, qui émet hautement son opinion et formule des critiques plus ou moins fondées, est dans son tort : il a le droit de refuser la marchandise, mais non de la déprécier.

En France, la pose et les prétentions attirent des obséquiosités, des flatteries et souvent aussi des représailles : peu de marchands résistent au plaisir de *mettre dedans un malin*.

En Angleterre, une telle conduite fait tout simplement congédier l'acheteur. Quand un marchand anglais montre un cheval, il garde le silence. Si l'acquéreur touche à plusieurs reprises ou regarde de trop près telle ou telle région, s'il émet des critiques sur ceci ou sur cela, le vendeur intervient : — Rentrez ce cheval ; il ne convient pas à Monsieur. Sortez tel autre.

Et quand les mêmes faits se reproduisent vis-à-vis d'un autre cheval, le marchand intervient encore : — Rentrez l'animal. Monsieur, il n'y a pas de cheval, ici, pour vous.

Méfiance est mère de sûreté ! que l'acheteur soit donc cuirassé de méfiance ; mais qu'il se méfie en homme intelligent, sans en rien laisser voir, ni dans ses actes, ni dans ses paroles.

Il est de bonne guerre parfois de poser, par ci par là, quelques questions sur l'âge, la qualité des pieds, la cause de certaines tumeurs et cicatrices, etc. ; non pas pour être fixé sur le cheval, mais dans l'unique intention d'être renseigné sur la moralité du vendeur : un examen ultérieur devant dénoncer les affirmations mensongères.

Pas d'achat de confiance surtout ! Dans ce singulier commerce, on voit de fort honnêtes gens se flatter d'avoir enrossé tel ou tel, et les rieurs se tournent de leur côté.

En fait de chevaux se méfier même de son père : voilà un vieux dicton qui en dit long, dans son exagération.

Méfiez-vous surtout du cheval d'ami — dans le langage usuel la rosse s'appelle *cheval d'ami*. — Et la chose se comprend. L'homme embâté d'une rosse peut difficilement vendre à un étranger : celui qui n'a aucune raison d'être confiant *veille au grain*. Que faire ?

Boire un bouillon ! c'est-à-dire perdre une forte somme et faire rire de soi. Voilà qui est dur !

Alors commence un monologue : — Il y a bien un tel, un excellent homme, qui cherche un cheval. — Ce pauvre garçon n'est pas fort et se sert peu de ses chevaux. — Un cheval froid ayant besoin de *fer* et de *mèche* : voilà son affaire.

Ou bien : — Ce cher monsieur monte et même mieux que moi. — Il saura tirer parti de mon cheval.

Bref, l'excellent ami achète de confiance et avale, les yeux fermés, le bouillon qui semblait trop amer au vendeur.

Une histoire récente à l'appui. Un commandant d'infanterie cherchait un cheval. Il vient un jour, tout radieux, faire part de la *bonne occasion* qui se présentait.

Un capitaine, ancien camarade de Saint-Cyr, était contraint de vendre un cheval excellent qui lui venait d'un de ses parents, éleveur en Normandie. Il préférait obliger le commandant que de vendre à la remonte.

— Très-bien, commandant, lui dis-je, je vous félicite. — Ah ! mais ! vous viendrez tout de même voir le cheval ; j'emmène aussi un écuyer. — A quoi bon ! cheval de parent, cheval d'ami : *vous êtes sûr de votre affaire.*

Sur les instances du commandant le voyage se fit. Et nous eûmes le désagrément de nous trouver en face d'un *carcan*, qu'un cocher de fiacre eût dédaigné et que l'écuyer et moi, en vaine de générosité, estimâmes cent écus.

Bien en prit au commandant d'être *méfiant.*

En face du marchand, la physionomie de l'acheteur doit être impénétrable : enthousiasme et critique, que tout reste en dedans ; il n'est pas bon, non plus, d'afficher de la fortune et le mépris de l'argent.

Sachez que tout bon marchand doit être habile physionomiste. Et, à ce sujet, M. A. Gaume, dans ses intéressantes *Causeries chevalines*, rapporte un propos fort

original. « J'ai entendu, dit-il, un jour un marchand de
« chevaux riche et habile, auquel on vantait les con-
« naissances hippiques d'un confrère moins fortuné,
« répondre ceci : Le talent du marchand est de con-
« naître, non pas les chevaux, mais les hommes. »

Sachez aussi que le vendeur base son prix sur *le sac*
qu'il suppose à l'acheteur. On demandait à un marchand : « Combien vendrez-vous ce cheval? » Il répondit : « Je n'en sais rien; peut-être 1,500 fr., peut-être
« 2,500 fr. ; *ça dépend du sac.* »

Donc, si le cheval examiné semble plaire, si le marchand connaît la position de fortune de l'acheteur, ou
est fondé à le croire riche, ses prétentions augmentent
d'autant.

Après avoir examiné le cheval et au moment de con-
clure, l'acquéreur doit prendre le marchand *à part* et
lui demander son prix.

Si, comme à l'ordinaire, des prétentions exagérées
s'affirment, il est bon de formuler en quelques mots
une opinion sur le cheval et de signaler les défauts ;
non dans le but d'apprendre du nouveau au marchand,
— mieux que personne il connaît sa marchandise, —
mais pour bien constater que l'on se prononce en parfaite connaissance de cause. En face d'un connaisseur
le marchand est toujours de plus facile composition.

Quand il s'agit de débattre le prix, certains marchands ont toujours refusé plus d'argent qu'on ne leur
en offre. Ils prétendent perdre et veulent faire voir
leurs livres de commerce ; en y jetant les yeux,
l'acheteur ferme la porte aux concessions : qu'il s'en
garde !

Lorsqu'un cheval récemment acheté ne convient plus,
l'échanger, avec ou sans retour, est, en général, chose
facile, les marchands étant accommodants tant qu'il ne
s'agit pas de rendre de l'argent. Mais c'est là un trafic
dangereux et qui peut mener loin.

III

EN FACE DU CHEVAL.

Pas d'enthousiasme pour le cheval ! Pas d'illusions sur soi !

En face du cheval, exigez du marchand que l'animal soit calme et se prête à l'examen.

Il faut bien voir sans trop regarder et ne pas prendre l'empâtement, les formes rondes, les rayons courts pour la belle conformation. Rappelez-vous que le beau cheval est loin d'être toujours bon, et méfiez-vous des *beaux voleurs*. Ne croyez pas au mérite sur quelques enjambées, la tête au vent, la queue sur le rein.

Ne confondez pas l'énergie réelle avec l'énergie factice, et ne vous en laissez pas imposer par les bonds désordonnés du cheval oisif, qui voit rarement le soleil et craint les coups de fouet.

Il y a beaucoup à rabattre de ce qui plaît à la montre. Combien de chevaux ne sont bons, beaux et brillants qu'une fois dans leur vie, le jour de la vente !

Combien voit-on d'acheteurs fiers de faire entrer dans leur écurie un cheval magnifique, et qui, le lendemain, se trouvent en face d'une rosse piteuse !

En fait d'essai, chez le marchand, il faut du sérieux. Vous payez cher ; vous avez le droit de beaucoup exiger.

Se contenter de quelques enjambées sur un terrain préparé, autour de l'écurie, est une duperie.

Les aptitudes, la facilité et l'agrément du service seront dûment constatés ; l'énergie, le brillant, l'action doivent être soutenus durant un véritable travail.

Lors de l'essai, l'acheteur ne s'enthousiasmera pas trop, en face des résultats obtenus par le marchand ou son piqueur. C'est pour lui le moment de se rappeler qu'une entente cordiale s'établit toujours entre l'animal dressé et l'homme de cheval expérimenté. Or, il se trouve en face de gens qui savent tirer d'un cheval *tout le parti possible*.

Très-rarement un cheval se montre indocile, irritable, quinteux, se défend, recule, se dérobe entre les mains du vendeur. Mais il se manifeste parfois un manque de franchise, de légères velléités de rébellion ; rejeter le cheval avec enthousiasme est, alors, chose de raison, car il y a gros à parier que l'acquéreur va se trouver en face de résistances ouvertes ; et peu de gens se soucient et sont en mesure de *se battre avec un cheval*.

D'après ce fait connu que l'homme désire ce qu'il ne peut avoir, on craint de voir échapper, le marchand cherche à allumer les convoitises. En montrant un cheval, il dit : « C'était bien votre affaire, mais je l'ex- « pédie à mon meilleur client, voilà la lettre d'envoi. » Ou bien : « Décidez-vous. M *** a vu ce cheval : il doit « revenir demain. »

L'amateur enthousiaste se *monte le coup ;* au lieu de juger, il approuve. Ses offres sont basées, non sur sa propre appréciation, mais sur les exigences du vendeur.

D'autre part, se montrer trop difficile est un tort, le cheval parfait n'existant pas, il est fort rare de rencontrer tout ce qu'on désire.

En face du cheval, pas d'examen superficiel.

Il est des gens qui ont du coup d'œil, l'habitude de voir et de juger les chevaux, la prétention de s'y connaître et qui se prononcent trop vite : quelque rude déception les attend.

Que n'a-t-on pas vu en fait d'histoires de ce genre ?

Des chevaux achetés en collaboration — bon mode d'achat quand chacun opère pour son compte et ne se repose pas sur le voisin — se sont trouvés être poussifs outrés, éhanchés, étalons improductifs, etc.

Et ces déconvenues de connaisseurs émérites ! Cet homme de cheval habile et renommé qui achète pour étalon un animal splendide... mais châtré. Ce vétérinaire qui embâte un client d'un cheval atteint d'un tour de rein, etc., etc.

Sur le même sujet, M. A. Gaume [1] narre fort spirituellement une histoire originale : « J'avais fait lever « les pieds postérieurs d'un cheval que je voulais ache-« ter et qui m'avait paru disposé à frapper mécham-« ment ; il n'avait pas bougé, et on le rentrait à l'écu-« rie, lorsque le marchand me dit d'un air dégagé : — « Voulez-vous, Monsieur, qu'on lève aussi les pieds de « devant ?

« Ils paraissaient beaux, bien conformés, et je n'avais « trouvé, en essayant le cheval, aucun symptôme de « boiterie ; aussi je répondis étourdiment : — Non, « c'est inutile ; il les donne facilement, n'est-ce pas ? « — Oh ! parfaitement.

« Le cheval me fut livré le lendemain, et mon domes-« tique me prévint qu'il avait au pied antérieur gauche « un fer particulier ; en effet, la branche interne était « très-couverte.

« Je le fis déferrer immédiatement ; sous ladite « branche, je trouvai une bande de cuir, sous le cuir « des étoupes, et sous les étoupes des bleimes jeunes, « vieilles et entre deux âges. Mon bucéphale était « archi-bleimeux, et le fut toujours, et, de plus, sou-« vent boîteux, par les fortes gelées ou la grande cha-« leur.

« J'eus la naïveté de me plaindre au marchand, qui « me répondit d'un air candide : « Mais, Monsieur, je « ne vous ai pas trompé ; je vous ai même demandé si « vous vouliez qu'on levât les pieds de devant, et je « n'étais pas obligé à cela, je suppose. » Furieux de

---

[1] Causeries chevalines. (Garnier frères, éditeurs.)

« cette logique à la fois brutale et machiavélique, j'au-
« rais désiré ce jour-là voir tous les marchands de che-
« vaux accrochés aux ormes des Champs-Élysées. Pour-
« tant cet homme était dans son droit, et, s'il me lit,
« il verra que je suis calmé ; il m'avait vendu son che-
« val conformément aux garanties exigées par la loi
« promulguée pour tout le monde. C'était à moi de faire
« un examen complet et de choisir un cheval ayant de
« bons pieds, puisque je me mêlais de choisir moi-
« même, etc... »

Or, toutes ces déconvenues et mille autres, qui frap-
pent un homme de cheval en plein cœur, que faut-il
pour les éviter ? Regarder le flanc, les hanches, visiter
les bourses, pincer le rein, lever les pieds, etc., etc...
Voilà tout ! Et ce *tout* s'appelle : *la méthode*.

Tout homme qui n'a pas adopté une méthode ration-
nelle et invariable est en péril continuel. L'étude du
cheval à la montre est une revue à passer ; la marche
à suivre toujours identique ne s'improvise pas, et ne
peut pas être abrégée. Il n'y a pas d'habitude qui tienne,
on ne juge pas le cheval en un clin d'œil.

Avec la méthode, on opère à l'aise et de l'air dégagé
d'un homme qui parcourt une belle route, bien fami-
lière, dont les étapes sont parfaitement connues. Mais
pour les hommes qui errent à l'aventure, il n'est qu'in-
certitudes, piéges et chausse-trappes.

L'absence de méthode est la pierre d'achoppement
où vont se perdre la réputation et la confiance en soi
du connaisseur.

Et voilà pourquoi il a été donné dans cet ouvrage un
examen du cheval en vente qui mène l'acheteur par la
main, pas à pas, lui fait voir et toucher successivement
tout ce qui doit être vu et touché : sans rien négliger,
rien oublier.

Bon nombre d'acheteurs ne se donnent pas la peine
d'essayer eux-mêmes le cheval. Est-ce négligence,
impuissance, manque de confiance ? Ont-ils la préten-

tion ou l'espérance d'en tirer aussi bon parti que le
vendeur ?

C'est là une conduite sévèrement condamnée par les
hommes pratiques : « Achetez-vous une paire de bottes
« sans les essayer ? disent-ils. — Eh bien, ce que vous
« faites lorsqu'il s'agit d'une somme de vingt francs et
« d'une gêne momentanée, pourquoi ne pas le faire
« lorsqu'une forte somme et la vie de l'homme sont en
« jeu ? »

Que l'animal se montre docile, bien dressé, *bienfai-
sant* entre les mains du marchand ou de son piqueur,
l'acheteur n'en est guère plus avancé.

Que l'animal se laisse facilement monter et mener
par celui qui doit l'utiliser : voilà l'essentiel. Et alors
il faut tout exiger du vieux cheval, et avoir, au contraire, des ménagements et de l'indulgence pour le
jeune.

L'acheteur n'a d'ailleurs qu'un moyen d'être fixé sur
son talent d'écuyer et de cocher, de ne pas se faire
d'illusions et de perdre celles qu'il a : c'est d'essayer
lui-même. La brutale franchise du cheval sera le cor-
rectif des flatteries intéressées du marchand. Le cheval
ne sait pas flatter. Et parfois, en cas de mésintelli-
gence et de conflit, il *décroche proprement* un cavalier
maladroit.

La chose a été dite souvent et ne saurait trop être
répétée : « Le principal n'est pas que le cheval con-
« vienne à l'homme ; c'est l'homme qui doit convenir
« au cheval. »

Avoir un bon cheval, dont on ne sait pas se servir,
est inutile, ridicule et dangereux. Or, parmi les chevaux, certains demandent à être finement conduits,
avec d'autres il est permis de se pendre aux rênes,
beaucoup s'accommodent d'un juste milieu. Et ceci est
exprimé par un vieux dicton original : « Le cheval est
« comme le potage, trop chaud pour celui-ci, trop froid
« pour celui-là, juste à point pour cet autre. »

Les gens qui s'illusionnent sur leur propre compte, se laissent facilement prendre aux flatteries des marchands ; il est si agréable de s'entendre dire : « Ah ! « Monsieur, vous connaissez le bon cheval. — Vous « avez du coup d'œil. — Rien ne vous échappe. — « Vous montez bien. — Vous faites valoir votre monture. — Si vous montiez comme M. ***, je ne vous « vendrais pas ce cheval, etc., etc. »

En face de ces rusés compères, il faut se rappeler :

Que tout flatteur
Vit aux dépens de celui qui l'écoute.

V

LES CONSEILLEURS.

Beaucoup de gens sont incapables d'acheter un cheval en parfaite connaissance de cause.

Qui n'a entendu dire : « Je connais le cheval, mais « je ne sais ni *boucher* ni juger le flanc ; je ne puis « acheter seul. » Achetez seul et exigez une mention de l'âge du cheval sur la quittance ; puis, faites visiter par un vétérinaire au point de vue de *la dent* et des vices rédhibitoires.

Bon nombre d'amateurs, par position ou par genre, veulent avoir l'air de s'y connaître. Ils savent un peu de tout, mais la pratique et l'aplomb manquent.

Inutile de les voir longtemps, en face d'un cheval, pour être fixé sur leur compte. Tout dénonce l'indécision, l'inexpérience, le manque de confiance dans la manière d'aborder, d'examiner, de toucher. Pour boucher un cheval, certains se cramponnent aux lèvres et à la langue, qu'ils tirent démesurément hors de la bouche ; d'autres, se déconcertent à la plus légère résistance. On les voit regarder et toucher plusieurs fois la même région, oublier une manipulation essentielle, s'accroupir entre les jambes de devant pour chercher les éparvins, saisir le canon des deux mains et faire des efforts désespérés pour lever un pied, omettre de pincer le rein ou le faire sans résultat ; il en est qui défendent de mettre du gingembre et font toiser le cheval pour être renseignés sur la taille ; ignorant, sans doute, qu'il ne sera tenu aucun compte de leur défense et que la manière de toiser de certains marchands est aussi élastique que leur conscience.

Les malheureux vont se faire voler ! En voilà qui ont besoin d'être assistés.

Ont aussi besoin absolu de conseils ceux qui ne connaissent rien aux chevaux et parlent des *jarrets de derrière ;* à moins qu'ils ne préfèrent s'en rapporter complétement à la bonne foi d'un honnête marchand : ce qui n'est pas toujours le plus mauvais parti.

Quand l'achat d'un cheval est à faire, ce ne sont pas les conseilleurs qui manquent ; mais c'est le moment de se rappeler le vieux proverbe : *les conseilleurs ne sont pas les payeurs.*

Il faut se faire assister d'un vrai connaisseur, d'un homme qui ne soit pas *trop emprunté* pour enjamber un cheval et tenir une paire de guides. Beaucoup de gens qui se servent du cheval ne sont pas pour cela des connaisseurs ; mais *les seuls vrais connaisseurs sont parmi ceux-là.*

Si l'acheteur peut se faire assister d'un vétérinaire homme de cheval, c'est une bonne fortune dont il doit profiter. Mais ce n'est pas en donnant dix francs et vingt francs, pour une indemnité de déplacement, qu'on paye des services de cette importance.

Le vétérinaire entendu et consciencieux, qui toucherait une commission de cent francs ou de deux cents francs, contracterait, vis-à-vis de son client, une responsabilité morale sérieuse ; il serait pour l'acheteur d'un secours inestimable, et, pour le marchand, un contrôle efficace.

Et puisque le rôle du vétérinaire dans le commerce des chevaux vient d'être abordé, il serait mieux encore, peut-être, d'imiter la manière de faire des Anglais.

En Angleterre, l'acheteur se présente seul chez le marchand ; il choisit un cheval de selle ou d'attelage à sa convenance, le monte ou le mène lui-même ou le fait monter et mener par un homme à lui, et arrête le prix. — Affaire conclue, — dit-il au marchand, — mais je veux que le cheval *passe* devant tel vétérinaire (passer est le mot consacré). Le cheval est conduit chez le vétérinaire désigné. L'homme de science examine et palpe pour se renseigner sur l'état de santé, les vices apparents ou cachés ; il essaie au point de vue des boiteries et du cornage et donne ou refuse un *certificat de santé*. Dans l'un et l'autre cas, le prix de la visite est de 25 francs.

L'examen fait dans ces conditions a le mérite de sortir le cheval du lieu où, chaque jour, on lui a fait subir des manœuvres destinées à dissimuler ses défauts.

C'est ainsi qu'en Angleterre les vétérinaires sont arrivés à mettre leur honorabilité à l'abri de tout soupçon de maquignonnage et de connivence avec les marchands.

A chacun son œuvre.

Au vendeur et à l'acheteur à discuter les aptitudes et le prix du cheval ; au médecin-vétérinaire à se prononcer sur l'état de santé.

Et à cela tout le monde y gagne :

L'acheteur, parce que nul mieux que lui ne peut savoir s'il est bien ou mal porté sur un cheval ; si la bouche et les allures sont à sa convenance.

Le vétérinaire, parce que — au lieu de perdre du temps à courir les écuries, à débattre les prix, à s'exposer à la médisance du marchand, auquel il aura refusé de prendre un cheval pour en choisir un meilleur, chez le marchand voisin, — il reste dans son établissement où il fait de la science, sa vraie mission, et non pas des affaires.

Le marchand y gagne enfin, parce que ce mode d'examen simplifie son commerce et met sa responsabilité à couvert.

Mais, dira-t-on, un vétérinaire peut se tromper.

C'est chose rare en Angleterre. Qui ne comprend la grande attention qu'un homme doit apporter à une mission de confiance, avant d'apposer sa signature en bas d'un certificat : *scripta manent*.

Enfin, quand l'acheteur s'enrosse lui-même, ou avec le concours d'un connaisseur et même avec l'assistance d'un vétérinaire, il a pour se consoler deux vieux dictons bien connus.

L'un est empreint d'une douce philosophie :

> Quand on n'a pas ce que l'on aime,
> Il faut aimer ce que l'on a.

L'autre est trop peu galant, pour être plus d'à moitié vrai :

> De femmes et de chevaux,
> Il n'en est point sans défaux.

FERRURE DU CHEVAL [1]

ORGANISATION — MALADIES — HYGIÈNE DU PIED

PAR

L. GOYAU

Vétérinaire principal, ex-professeur d'hippologie
à l'École de Saint-Cyr.

Un vol. in-18 orné de 88 figures. — Prix franco : 3 fr. 50.

(Joindre à la demande un mandat-poste.)

Il existe beaucoup de traités de ferrure et chaque année en voit augmenter le nombre. Écrire sur la maréchalerie devient une monomanie, qui dénonce clairement l'imperfection reconnue de l'art de ferrer et l'insuffisance évidente des traités spéciaux. Jamais, en effet, on ne vit plus mauvaise besogne ; nulle part ne se trouve un livre original, agréable à lire, facile à consulter, essentiellement pratique, qui fasse justice des vieilles routines, des nouveautés extravagantes et affirme nettement la vérité.

Le nouveau traité de ferrure remplit-il les conditions ci-dessus énoncées, ou bien n'est-il qu'une inutile tentative de plus ? Le public appréciera.

Pour que le lecteur puisse avoir un sérieux aperçu de l'ouvrage qui vient de paraître, nous donnons, ci-après, quelques extraits, et la table des matières.

EXTRAITS

Le maréchal est tout-puissant pour le bien, comme pour le mal ; il tient dans ses mains la santé et la maladie, long service et ruine précoce.

Le temps est venu de déchirer le voile qui cache la vérité, de troubler la prétentieuse quiétude des maréchaux raffinés, de signaler aux propriétaires de chevaux la cause des désastres qu'ils subissent, et à qui en incombe la responsabilité.

Les défectuosités et les maladies du pied sont de fabrication humaine.

1 Javaud, éditeur, Saumur.

A Paris, la *bleime* est journellement fabriquée sur une grande échelle.

En ce qui concerne les aplombs, la manière de parer le pied, l'ajusture à donner au fer, l'ouvrier est condamné à travailler à l'aventure et d'instinct. Comment saurait-il ce que personne n'a su enseigner ?

Combien sont irrationnels les moyens universellement employés pour redresser le cheval panard et le cheval cagneux, pour empêcher les chevaux de forger et de se couper..., etc.

TABLE DES MATIÈRES

www.ingramcontent.com/pod-product-compliance
Lightning Source LLC
Chambersburg PA
CBHW071347200326
41520CB00013B/3141